逆転の発想で魔法のほめ方・叱り方

実践 通常学級ユニバーサルデザイン

佐藤愼二 著

東洋館出版社

はじめに

☆誤解が招く悪循環と悲劇

　発達障害等の配慮を要する子どもたちは、時として、一見すると、とてもわがままで身勝手な行動をします。本人は何とかしたいと思っているのです。でも、なかなかうまくでないのです。私たち保育者や教師も誤解してしまい、「何度言ったら分かるの！？　いいかげんにしなさい！！」と、つい、叱ってしまうことになります。

　長くてもわずか10年ほどの人生の中で、"ほめられる経験"が少なく、むしろ誤解され、"叱られる経験"の方が圧倒的に多い子どもたちと言えるかもしれません。

　誤解された上で、さらに、その叱り方やほめ方にあまり効果がないとしたならば……それは子どもにとって、私たちにとっても、大変悲劇的なことと言えるでしょう。

☆できて当たり前！？

　幼稚園、保育所の子どもたちは、わずか数年前、数ヶ月前まで、オムツの中でうんちやおしっこをしていました。しかし、今では、トイレで用を足して、走ったり、話したり、歌ったり、絵を描いたりしています。正に、ドラマティックとも言える成長を遂げています。にもかかわらず、私たちはいつのまにかそれらを"できて当たり前"と思い込んでしまいます。

　小学校の子どもたちは１時間目から６時間目まで椅子に座って毎日のように勉強しています。さて、読者の中で、その子どもたちのように勉強できる自信のある方はいるでしょうか？　「できます！」と言える方はおそらくいないと思います。私たち大人もまねできないこと

を"子どもはできて当たり前"と言い切れるでしょうか。
　よくよく考えてみると、子どもたちは大変なことをやってのけています。もし、目の前の子どもが、発達障害という困難さを抱えているとするならば、その姿は"できて当たり前"どころか大変な努力のたまものと言えそうです。

☆逆転の発想
　"できて当たり前"と私たちが思い込んでいる行動を子どもがやりとげても、残念ながら、私たちはあまりほめません。ところが、できなかったり、違ったことをしたりするときはどうでしょう。「どうしてやらないの？！」と、つい叱ってしまいます……。しかし、本当にそれでよかったのでしょうか？
　どうやら、"できて当たり前は頑張っている姿"と見方を変える必要がありそうです。
　そして、できなさや「気になる」行動に目を向けて、それらを叱って減らす発想ではなく、むしろその逆で、問題を起こしていない姿、すなわち、できて当たり前の姿（＝頑張り）に目を向けて、それらをほめて増やすという逆転の発想が必要だったのです。

☆ほめる・叱るの普遍性
　子どもが食べる、寝る、遊ぶ、学ぶ……それらを支え、そして時に、ほめて叱るという子育て、保育、教育の営みは、この先も何十年、何百年と続くことでしょう。それはおそらく、どのような教育改革が行われようとも、ICT機器がどれだけ進歩して保育革命・授業革命が起きようとも、決して絶えることのない人類普遍の営みです。
　だとすれば、"ほめる・叱る"という極めて基本的で日常的な行為にしっかりと向き合い、それを見直し、よりよいものにすることは、

保育・教育のプロとして責任ある態度と言えます。

☆ユニバーサルデザインでほめる・叱るとは？

> 〈ユニバーサルデザインとは〉
> ○発達障害等を含む配慮を要する子どもには「ないと困る」支援であり
> ○どの子どもにも「あると便利で・役に立つ」支援を増やす
> ○その結果として、全ての子どもたちの過ごしやすさと学びやすさが向上する。

　上記のように、ユニバーサルデザインはあるAさん、Bさんだけに必要な支援を考えるのではありません。発達障害等の配慮を要する子どもを含む、どの子どもにもよりよい保育・教育を目指すのです。

　本書ではほめ方・叱り方をテーマにしますので、まず、発達障害等の配慮を要する子どもには「ないと困る」効果的なほめ方・叱り方を考えます。そのほめ方・叱り方の中には、周りのどの子どもにも「あると便利で・役に立つ」ほめ方・叱り方があるはずです。それを増やすという発想です（＊叱ることに関しては、叱る回数を増やすという意味ではありません。叱らざるを得ない場面での効果的な叱り方を考えます）。その結果として、全ての子どもによりよい保育・教育の実現を目指すのです。本書がそのための一助になれば幸いです。

＊本文での表記について
　必要がある場合を除いて、"子育て・保育・教育"を"教育"、幼稚園・保育所・小学校を"学校"、保育者・教師を"教師"、"保育活動・授業"を"授業"と表記します。

佐藤愼二

目 次

Ⅰ 逆転の発想で見方を変える・味方になる! ……… 9

❶ 子どもの話を聞く!「本音の思い」を大切にする!
　　──客観的な行動だけで「本音」を評価してはいけない!── …………………10
　（1）じっとしているのが苦手なAさんから学んだこと …………………………10
　（2）パンツの中のアリ …………………………………………………………10
　（3）180度違う見方・言い方ができる! ………………………………………11

❷ "困った"子どもではなく何かに"困っている"子ども ……………12
　（1）見方を変えて味方になる! …………………………………………………12
　（2）見方を変えて支援を変える! ………………………………………………14

❸ ほめ方・叱り方をユニバーサルする! ………………………………15
　（1）ユニバーサルデザインの発想の重要性 ……………………………………15
　（2）「ないと困る」「あると便利で・役に立つ」ほめ方・叱り方 ………………16

Ⅱ 逆転の発想でほめる! ……………………………… 19

❶ "困った"行動を減らすのではなく、
　　"困った"行動をしていない状態を増やす逆転の発想へ! ……………20
　（1）叱って子どもの行動を変えようとする発想を変える! ……………………20
　（2）子どもたちの育ちの歴史に思いを寄せる …………………………………20
　（3）"困った"行動をしていない状態への注目を増やす! ………………………21
　（4）逆転の発想で魔法の言葉を! ………………………………………………21

❷ 子どもをほめるために約束する逆転の発想!
　　──子どもと約束するポイント── ……………………………………22
　（1）約束を守れなければ子どもも落ち込む! ……………………………………22
　（2）ほめることができる約束をする! …………………………………………23
　（3）肯定表現で約束する! ………………………………………………………23
　（4）ほめる機会を増やす!　──年度当初・学期始めがポイント── …………24

❸ 適切な行動をしている友達をほめる逆転の発想! ……………………25
　（1）『人の振り見て我が振り直せ』 ………………………………………………25
　（2）学級が落ち着きをなくすとき…… …………………………………………26
　（3）周りの子どもが手本になる! ………………………………………………26

❹ 子どもの行動をそのまま言葉にする逆転のほめ方! …………………28
　（1）できる行動が増えてくると…… ……………………………………………28

（２）できて当たり前の行動ができないと叱ってしまう……………29
　　（３）できて当たり前の行動に注目する！……………………………30
　　（４）子どもの行動をそのまま言葉に！………………………………31

Ⅲ 魔法のほめ方・10の提案 …………………………………33

　提案１：すぐに・まめに・さりげなく5Sで！　名前を添えて！………34
　提案２：称賛的なほめ方と情報的なほめ方………………………………35
　提案３：子ども心をくすぐる魔法の言葉！………………………………36
　提案４：ほめるタイミングが大事！──片付けを例に──……………36
　提案５：心に響く"Ｉメッセージ"…………………………………………37
　提案６：言い方一つで効果もバツグン！…………………………………38
　提案７：第三者にほめてもらおう！………………………………………38
　提案８：部分をほめる逆転のほめ方！……………………………………39
　提案９：ほめるためのしかけを！…………………………………………40
　提案10：がんばり表や約束カード等でほめる……………………………41
　　（１）意義と目的…………………………………………………………41
　　（２）目標設定のポイントと工夫………………………………………42
　　（３）評価のポイントと工夫……………………………………………44
　　（４）フォーマットとネーミングの工夫………………………………45
　　（５）ユニバーサルデザインとしてのがんばり表・約束カード……46

Ⅳ 逆転の発想で叱る！ ……………………………………………47

　❶ 子どもを叱る前に、ちょっとブレイク！………………………………48
　　（１）気を引く行動！……………………………………………………48
　　（２）"困った"行動！？は気を引く行動！……………………………48
　　（３）ちょっと待てよ！…………………………………………………49
　❷ "叱る"行為が不可欠だとするならば……………………………………49
　　（１）"ほめる"を前提に！………………………………………………49
　　（２）"怒る"にしない……………………………………………………50
　❸ "困った"行動の原因は様々………………………………………………51
　❹ 叱る・怒る・ほめるを登山にたとえると！……………………………52
　　（１）適切な行動への最短ルートは？…………………………………52

（２）怒る登山ルートの危険性 ……………………………… 53
　❺ 周りの子どもは教師を見て育つ ……………………………… 55

Ⅴ 魔法の叱り方・10の提案 …………………………………… 57

　提案１：ゆっくり・はっきり！ ………………………………… 58
　提案２：叱る原則――短く・毅然と・端的に！ ……………… 59
　提案３：前置きをして叱る！ …………………………………… 60
　提案４：禁止・否定語はＮＧ！　――ブロークンレコード法―― ……… 60
　提案５：名前を呼んで目力で！ ………………………………… 61
　提案６：具体的に！　――あいまい言葉にご用心！―― …… 62
　提案７：リハーサル効果！ ……………………………………… 63
　提案８：ほめるために・叱る！　という逆転の叱り方 ……… 63
　提案９：Ｉメッセージで叱る！ ………………………………… 64
　提案10：視覚的に叱る！　振り返る！ ………………………… 64
　　（１）イラスト・トーク法 …………………………………… 65
　　（２）イメージ地図法、概念地図法、連鎖キーワード法、マインドマップ法 … 66
　　（３）三択（選択）クイズ法 ………………………………… 68
　　（４）フローチャート法 ……………………………………… 69
　　（５）リセット・リハーサル法 ……………………………… 69
　　（６）文章化法 ………………………………………………… 71

I

逆転の発想で見方を変える・味方になる！

子どもの話を聞く！ 「本音の思い」を大切にする！
—— 客観的な行動だけで「本音」を評価してはいけない！ ——

（1）じっとしているのが苦手なAさんから学んだこと

　Aさんは一人歩きができるようになった当初から落ち着きがなく、じっとしているのが苦手な子どもでした。家や近所の遊びの場面だけでなく、幼稚園でも困った子どもと思われていたようです。私との出会いは、小学校1年生のときですが、45分間の授業で椅子に座っていたのはわずか5分か10分ほどでした。

　私がAさんに、「どうして座っていられないの？」と聞くと、驚くような答えが返ってきました…「ぼくもみんなみたいに座って勉強したい」と言ったのです……。Aさんは周りの友達と同じように座っていたかったのです。しかし、じっとしていることができないで困っていたのです。

（2）パンツの中のアリ

　じっとしていられない状態というのは、「パンツの中にアリが入ってしまった感覚なんだよ！」というADHD当事者の名言があります。もし本当に、多動性の原因が"パンツの中にアリがいる感覚"だとすれば、じっと座っていられる人は皆無でしょう。

　例えば、私たちは、視覚障害のある子どもに向かって「どうして見えないの！　ちゃんと見なさい！」とは叱りません。本人の努力だけでは見えないことが分かっているからです。だとすれば、もし、本人の努力だけでは座っていることが難しい子どもがいたら……と考えましょう。それは、一歩間違えれば、医療ミスに匹敵するような教育ミスになりかねません。

　じっとしていることが苦手な子どもを前にすると、私たち教師は「困った子どもだな〜！」と思ってしまいます。それは人間ならば当

然の心理で、否定しようがないのです。しかし、一番困っていたのはAさんだったのです。Aさんは決して"困った"子どもではなく、"パンツの中にアリがいる感覚"になってしまい"困っている"子どもだったのです。

○客観的な行動だけで全てを評価してはいけない！
○「困ったな～」と思ったら、まずは、子どもの話を聞き、その本音の思いに寄り添う。
○一番困っているのはその子ども本人。そして、その（問題）行動を一番何とかしたい！　と思っているのも、その子ども本人！
○その上で、その子どもは「どこで困っているのだろう」と考える。

（3）180度違う見方・言い方ができる！

　落ち着きのない子どもに対して、「どうして5分しか座ってられないの！」とB先生のように叱ることができます。一方で — 現実にはここまでおおらかにはなれないですが — C先生のように「5分は座っていたね！」とほめることもできるのです。同じ事実（＝5分しか座れないという）に対して180度違う見方や言い方ができるのです。

【B先生の支援】
- 5分しか座ってられないの？フラフラしちゃダメょ！
- 何度言ったら分かるの？

↓

注意・叱責・無理な課題

↓

一生懸命やっているのに…どうせぼくなんか…

→

【C先生の支援】
- 5分座っていられたね！頑張ったね！
- 昨日より頑張ったね！

↓

肯定・称賛・承認・適切な課題

↓

ぼくにもできた！ほめられた！また、頑張ろう！

こんなことも考えられます。例えば、この子どもは絵が上手だったとしましょう。その子どものことを「絵はうまいけど、落ち着きのない子ども」と、言うことができる一方で、「落ち着きはないけど、絵はうまい子ども」とも言えるのです。言われる子どもの立場で考えれば、両者の違いは決定的です。

もし本当に、子どもが日々、パンツの中のアリと戦っているとしたら、B先生の言い方・見方では、子どもはアリと戦う戦意を確実に喪失するでしょう。そして、まだ数年しか生きていないにもかかわらず、「どうせぼくなんか、努力しても叱られる……」と思い始めるかもしれません。

> 事実は一つ。しかし、その一つの同じ事実に対して、180度違う見方・言い方が可能になる。

余談ですが、例えば、「佐藤先生は元気はいいけど、はげたおやじなんだよ！」と言われれば、やはり、落ち込みます。しかし、「佐藤先生ははげたおやじだけど、元気がいいんだよ！」と言われればちょっと元気もわいてきます。

子どもの行動をどう見るのか？　見方・言い方がちょっと逆転するだけで、子どももポジティブになれそうです。支援する教師も少し前向きになれます。逆転の発想の大切さを感じ取っていただけたかと思います。

"困った"子どもではなく何かに"困っている"子ども

（1）見方を変えて味方になる！

もう一つ、当時、大変驚かされたエピソードを紹介します。小学校

４年生の成績優秀で聡明な子どもでしたが、街中ですれ違った父親から声をかけられて「（父親に向かって）おじさんは誰ですか？」と言ったというエピソードです。当時、友達関係に関わる様々なトラブルを抱えていたのですが、その謎が解けました。彼女は自閉症で"表情理解困難"という極めて分かりにくく誤解されやすい困難さを抱えていたのです。そのため、家の中にいる男性を父親と理解していても、街中で会ったときに、その男性を父親（の顔）とは理解できなかったのです。もちろん、自閉症の子どもは父親や母親の顔が分からない……ということではなく、これは極端な事例です。

　相手の表情が理解できないということは、相手が困っている顔や喜んでいる顔もうまく理解できない、友達の顔と名前が一致しない……等、私たちが想像する以上に、様々な生活上の困難を抱えていたことになります。彼女はとても困っていたのです。

「何度言ったら分かるんだ！」「何やってるんだ！」と叱られたところで"表情理解困難"そのものが治るわけではありませんので、思いもよらないトラブルが頻発しました。彼女は叱られる度に、訳も分からず、余計に困っていたのです。

　分からないとしたら、適切な行動をとることはできません。周りの人から見れば明らかな問題行動も、本人の立場では、全く悪気なくやってしまっているという事態にもなるのです。

① "やってはいけない"ということを本当は分かっていないために、本人は全く悪気なくやってしまう。
② "やってはいけない"ということを分かっているが、"正しいやり方"を分かっていないために、同じような間違いを繰り返してしまう。
③ "やってはいけない"ということも、"正しいやり方"も分かって

> いるけど、ついついやってしまう。
> ④"やってはいけない"ということを分かっているが、わざと違うことをして気を引こうとしている。

　つまり、"困った"子どもではなく、実は、よく分からなくて、うまくできなくて"困っている"子どもなのかもしれません。

（２）見方を変えて支援を変える！

　子どもが様々な困り方をしているとするならば、ただ単純に叱っただけでは問題は解決しそうもありません。では、次に、見方を変えて支援を変えてみましょう。

> ①や②ならば、やってはいけないことの意味を丁寧に伝える。様々なイラストを描きながら説明するのもよい。"その行動の代わりの正しいやり方"を言葉で、身振りで、一緒にやってみて伝える。そして、最後は「それでいいよ！　かっこいいね！」とほめて終わる。
> ③ならば、「本当は〜ではなくて、〜しようとしてたんだよね！」と丁寧に受け止める。
> ④の場合は、教師に見てほしい、かまってほしい気持ちが強いと理解する。叱るよりも、子どもが頑張っているときに、さりげなく「そうだね」「頑張っているね」とその子どもへの注目回数を増やす。

　"困った"子どもではなく、何かに"困っている"子どもと、逆転の発想で見方を変えて、味方になって、そして、支援を変えましょう。

ほめ方・叱り方をユニバーサルする！

（1）ユニバーサルデザインの発想の重要性

〈通常学級ユニバーサルデザインとは？〉
○発達障害等の配慮を要する子どもには「**ないと困る**」支援であり
○どの子どもにも「**あると便利で・役に立つ**」支援を増やす
○その結果として、全ての子どもたちの過ごしやすさと学びやすさが向上する。

　通常学級ユニバーサルデザインとは、上記のような学級経営・授業づくりの原則と方向性です。しかし、ユニバーサルデザインで学級経営や授業づくりができるかと言えば、そうではありません。教科指導の本質的な追究を前提に、ユニバーサルデザインはその力を発揮します。同様に、ほめる・叱るだけでは学級経営も授業づくりもできません。

　では、ほめる・叱る抜きで学級経営や授業づくりができるでしょうか？　その答えは"否"です。ほめる・叱るを抜きに、子どもたちと教師との学びの営みである学級経営や授業を語ることはできません。ほめる・叱るは、言わば、必須の教育的行為と言えるのです。

　その必須の教育的行為をユニバーサルデザインの発想でよりよくしたいのです。

〈ユニバーサルデザインの発想によるほめ方・叱り方とは？〉
○発達障害等の配慮を要する子どもには「**ないと困る**」ほめ方・叱り方であり
○どの子どもにも「**あると便利で・役に立つ**」ほめ方・叱り方を増やす

○その結果として、全ての子どものたちの過ごしやすさと学びやすさが向上する。

"ほめ方を増やす"という言い方は納得できても、"叱り方を増やす"という言い方には違和感があります。しかし、叱る行為を皆無にできないとするならば、叱る行為にきちんと向き合い、よりよい叱り方を考えることは責任ある態度と言えます。ユニバーサルデザインの発想で、ほめる・叱るという行為をより効果的にすることはできるのです。

（2）「ないと困る」「あると便利で・役に立つ」ほめ方・叱り方

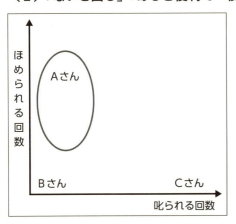

左図は子どもの置かれている状況を極端に例示してみました。縦方向はほめられる回数、横方向は叱られる回数をあえて単純に、示しています。

Bさんはほめられることもなければ、叱られることもない……学級の中でもかなりの疎外感・孤立感を味わっている状況にあります。そして、Cさんは叱られることが多く、かなり"困った"子ども扱いされています。

Bさん、Cさんの思いはどうでしょうか？　子どもならば、誰しもが「ほめられたい！　認められたい！」と願っているでしょう。Aさんの位置する楕円部分に一人でも多くの子どもが入る状況が理想と言えます。もちろん、"ほめる""叱る"だけが学級経営や授業づくりの指標ではありません。しかし、子どもの満足度・自己肯定感・安心感

などの"実感"というリアルな観点で考えれば、"ほめる""叱る"は学級や授業の現実を映し出す大きな指標であることは否定しようがありません。ですから、少なくとも、Bさん、Cさんが置かれている現実は変える必要があるのです。

　ほめるという教師の行為は現在のBさんの満足度・自己肯定感・安心感を高める上では、「ないと困る」支援です。そのBさんに「ないと困る」ほめ方の中には、どの子どもにも「あると便利で・役に立つ」ほめ方があるはずです。

　さらに言えば、Cさんこそほめられる体験は不可欠でしょう。しかし、現状では叱られる場面はかなりありそうです。だとするならば、いつもと同じ叱り方を続けるのではなく、Cさんの心に響くCさんに「ないと困る」効果的な叱り方というのも考える必要があります。そして、その叱り方の中にはどの子どもにもより伝わりやすい「あると便利な」叱り方があるはずなのです。

　本書では"ほめる""叱る"という日常的な教育的行為をユニバーサルデザインの観点で見直してみたいと思います。

II

逆転の発想でほめる！

**"困った"行動を減らすのではなく、
"困った"行動をしていない状態を増やす逆転の発想へ！**

（1）叱って子どもの行動を変えようとする発想を変える！

　私たちは教育や子育ての中で、"適切な行動"や"頑張った行動"をほめます。そして、"困った"行動を叱ります。これは、王道だと思います。

　私たち大人は子どもの"困った"行動を目の当たりにすると、つい叱ってしまいます。しかし、先ほどのじっとしていられない子どもや表情がうまく理解できない子どものように叱っただけでは、その困った行動は減らず、むしろ、その子どもを追い込むことになってしまうこともあります。つまり、"分かっているけどできない""分からなくてできない"状態です。逆に、叱ることが多くなってしまえば、子ども本人が（例えば、パンツの中のアリを）何とかしようと思っているだけに、とても傷ついてしまうことになりかねないのです。努力してもできないことを叱られるとなれば、当然、自尊感情はとても傷つくでしょう。

　もちろん、命に関わるような行動に対しては、毅然と注意して、丁寧に諭す必要はあります。しかし、日常的に叱ることが増えてしまえば、子どもは自信を失います。

> 叱って子どもの行動を変えようとする発想を見直してみる。

（2）子どもたちの育ちの歴史に思いを寄せる

　発達障害等の配慮を要する子どもたちは、叱られただけではうまく行動修正できずに困ってきた子どもたちと言えそうです。幼稚園・保育所、そして、小学校でも、家庭の中でも誤解され、「何度言ったら分かるの？　できるの？」「いい加減にしなさい！」と叱られ続けた

歴史を背負ってきたのではないでしょうか？　叱られてもうまくできず、また、叱られた……という誤解され続けた10数年の歴史を背負ってきた子どもたちです。そのような生育環境が抱えるリスクに十分に思いを寄せる必要があります。この点については、後章で検討してみたいと思います。

（3）"困った"行動をしていない状態への注目を増やす！

　じっとしていられない子どもにとっては、じっとしている姿は"パンツの中のアリ"と戦っている状態ですから、とても頑張っている姿ということになります。読者のパンツの中に、今、アリがいるとしたら、じっとしていることは簡単ではありませんよね。逆に、じっとしているとしたら、おそらく、かなり頑張っていると言えるでしょう。

　ここに、本書を貫くキーワード＝逆転の発想の原点があるのです。パンツの中のアリは簡単には追い払うことはできません。"困った"行動は簡単には治せないのです。一方、"困った"行動をしていない状態は、大人から見るとできて当たり前に思えます。しかし、その状態は、その子どもの立場では、かなり頑張っている姿なのです。そのできて当たり前の姿に注目して、応援したいのです。これが逆転の発想です。

> 逆転の発想とは、"困った"行動とは逆の行動＝"困った"行動をしていない状態に注目して、その行動を徹底して認めること・ほめること！

（4）逆転の発想で魔法の言葉を！

　私たち大人は"困った"行動につい注目して、「何やってるの！！」と叱ってしまうのですが、子どもが"困った"行動をしていない状態は頑張っている姿です。その姿にこそ注目してほめるのです。

> ①じっとしているのが苦手な子どもがいたら→じっとしているときをほめる！
> ②おしゃべりの多い子どもがいたら→話を聞いているときをほめる！
> ③乱暴な子どもがいたら→　友達と仲良くしているときをほめる！
> ④「片付けが遅い！」と叱るよりも→「誰が早いかなー！」「誰が片付け名人かなー！」「先生と、どっちが早いかな〜」等と言ってみる。
> ⑤「〜はいけません！」と叱るよりも→「〜してくれるとうれしいな！」と伝える。
> ⑥「声が小さいですよ！！」……ではなく→「よく言えたね、今度は、もーっと大きな声で言えるね！」
> ……その他、たくさん……。"逆転の発想"で、魔法の言葉を！

子どもをほめるために約束する逆転の発想！
── 子どもと約束するポイント ──

（１）約束を守れなければ子どもも落ち込む！

　私たち大人はつい約束してしまうのです……「もうしないよね！分かった？！」と。しかし、安易な約束は子どもが守れないことが多いものです。守れなければ「やっぱりぼくはダメだ……」と結果として子どもは落ち込むでしょう。

　守れないことが続けば、約束そのものに意味はなくなります。そればかりか、"約束は守らなくてもいい"ということを学ぶことになりかねません。約束するからにはそれを守ってほめてもらえるという体験が大切なのです。配慮を要する子どもたちは、"約束を守ってほめられる"という体験が決定的に不足しているのです。"約束を守ってほめられる"という体験は配慮を要する子どもには絶対に「ないと困

る」支援です。しかし、どの子どもにも「あると便利で・役に立つ」支援になるはずです。どの子どもにも「できる！」という自信をはぐくみ、たくましくしたいのです。

> ○安易な約束で子どもの行動を変えようとしない！
> ○発達障害等の有無にかかわりなく、子どもをほめるためにこそ約束をする！
> ○約束を守る努力は報われるという体験が、子どもを前向きにする！

（2）ほめることができる約束をする！

子どもが約束を守ることができ、それをほめられる機会を増やしたいのです。ほめるために約束する発想ならば、当然、約束そのもののハードルは低くなります。

> すでにできていること、少しの努力でできそうなことで約束する。

子どもが守れる約束ならば、その子どもをほめる機会は確実に増えます。「できる！」自信や、できてほめてもらえた喜びは子どもを必ず前向きにします。

（3）肯定表現で約束する！

あるバラエティー番組で行われた実験を紹介します。数件の居酒屋さんのトイレ全てに「トイレを汚すな！」とはり紙を貼り、数件の居酒屋さんのトイレ全てには「トイレをきれいにお使いいただきまして、ありがとうございます」というはり紙を貼りました。さて、どちらのトイレがきれいに使われるのかという内容でした。答えは明らかです。そうです！「トイレをきれいにお使いいただきまして、ありがとうございます」でした。

実は、大人も含めて「〜しない！」「〜してはいけません！」とい

う約束は守りにくいのです。「甘い物を食べ過ぎない！」「お酒を飲み過ぎない！」……これら否定語の約束・誓い・願いはことごとく、夢破れているはずです。「野菜を多めに食べる」「軽い運動をする」……等の「～しよう！」という肯定表現の方が守りやすいのです。肯定表現の方が脳に心地よく受け入れられやすいのです。ですから、肯定表現を俗に"集中ワード"と言うこともあります。人間はもともと前向きな存在なのです。

〈約束のポイント〉
○ "困った"行動を減らすために約束しない！ ── 「～しない」「～してはいけない」という否定表現の約束はNG。
○ "困った"行動とは逆の行動を増やすために約束する！ ── 「～する」「～しようね」という肯定表現の約束をする。

　ほめられる機会が増えると確実に子どもは張り切ります！
　この発想は生徒指導や教育相談に際しても、とても意味ある方法になります。肯定表現で約束する発想は ── 中学校・高等学校でも活用可能な ── 是非とも大切にしたい原則です。

（4）ほめる機会を増やす！ ── 年度当初・学期始めがポイント ──

　（3）までは個別的な事例を取り上げましたが、この発想は学級全体の約束事としてもとても有効です。

○誰でも守れる約束をする。
○結果として、学級の子ども全員をほめることができるようにする。

　例えば、年度当初に"教室に入るときに「おはようございます」を言う"という約束をしたとしましょう。この確実に守れそうな約束は叱られ続けてきた子どもには「ないと困る」約束の仕方になります。

しかし、どの子どもたちにとっても、とても守りやすい「あると便利で・役に立つ」約束になります。どの子どももほめられる機会が確実に増えます。教師と子どもたちとの信頼関係はより深まるでしょう。

○配慮を要する子どもを含む一人一人の子どもたちのあいさつを折々にほめる。
○朝の会で全員に向かって、「みんなの元気なあいさつが聞けて、とても気持ちがいい」と教師の率直な気持ちを伝える。
○特に、元気なあいさつをした子どもを"あいさつ名人"としてほめてもよい。

---

③ 適切な行動をしている友達をほめる逆転の発想！

(1)『人の振り見て我が振り直せ』

このことわざは"他の人の行動を見て、良いところは学んで、悪いところは変える"という意味です。大人向けのことわざのように思われますが、それは違います。むしろ、子どもにこそ、とても意味があります。

子どもたちが片付けをする場面を思い描きましょう。片付けしようとしないその子どもを叱るのではなく、側にいて片付けを始めている友達を「〜さんは早いね！」「〜さんは〜してくれたね！」とさりげなく（皮肉ではなく）つぶやくようにほめてみてください。子どもはほめられている友達を見て「あーそうかー！　あのようにすればほめてもらえるんだ！」と気づいて、片付け始めるでしょう。その姿をすかさず「○○さん、できるね！　すごいね！」とほめてください。

「早く片付けなさい！」と叱るよりは、よほど効果のある逆転のほ

め方になるはずです。

> "困った"行動をしている子どもを叱るのではなく、適切な行動をしている子どもをほめる！

（2）学級が落ち着きをなくすとき……

　『人の振り見て……』は、時として、真逆の悪い方向に機能することがあります。図で確認します。Aさんは"困った"行動が多いと考えてください。当初はコツコツと地道な努力を続けていた周りのBさん、Cさんがいつの間にか、Aさんの"気になる"行動をはやし立てたり、同調したりする状況を図は示しています。

　言葉を換えれば、Aさんの"困った"行動がBさん、Cさんの悪い手本になっているのです。この状況になってしまうと、立て直すには相当の労力が必要です。この状況になる前に、打つべき手立てはないのでしょうか？

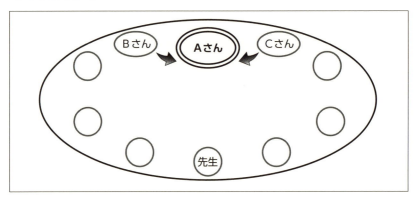

（3）周りの子どもが手本になる！

　Aさんも含めて初めからルールを破ろうとする子どもはいません。もちろん、教師や友達の気を引こうとしてわざと変わったことをすることはあります。しかし、当初はきちんとルールを守ろうとしている

はずです。ここが大きなポイントです。

> どの子どもも、当初は、約束やルールを守ろうとしている。その姿をほめる！

　頑張っているAさんをほめつつも、やはり、注意が必要なときはあるでしょう。しかし、それ以上に大切なことは、ルールを守って地道な努力を続ける ── もしかしたら、決して目立たない ── Bさん、Cさんをほめることです。
　これは極めて大切な、逆転の発想によるほめ方になります。このほめ方は、Bさん、Cさんにとって意味があるだけでなく、むしろ、Aさんにとって大きな意味があるのです。

> "困っている"子どもの手本になるように、周りの子どもたちを育てる！

　「ルール・約束を守ると、ほめてもらえる！」ことにAさんが気づきます。いわゆるモデリング（観察学習）が成立します。正に、『人の振り見て我が振り直せ』です。図のような方向にベクトルが機能することになります。

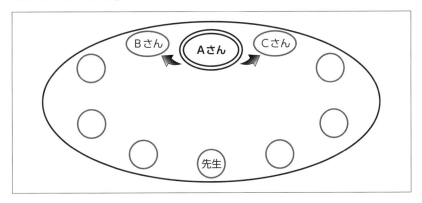

学級のほとんどの子どもはきちんとルールを守っているはずです。Aさんばかりに気を取られ、周りの子どもたちがただ我慢する状況をつくってはいけません。Bさん、Cさんをはじめとして周りの子どもたちは一生懸命にルールを守っているのです。この子どもたちこそ、教師にほめてもらう権利があります。Aさんももちろん、ルールを守っているときがあるはずなのです。ここでも、逆転の発想による魔法の言葉は大変威力を発揮します。

ルールや約束はそれを守る子どもをほめるためにある！

　周りの子どもたちは、結果的には、"気になる"子どもの手本になる子どもたちです。一見、遠回りのように見えますが、周りの子どもたちをしっかりと育てていくことは、結果として、困っている子どもを育てることになるのです。学級経営の重要性を改めて確認したいと思います。

子どもの行動をそのまま言葉にする逆転のほめ方！

（１）できる行動が増えてくると……

図1

　とても分かりやすいので、乳児の成長を例にして説明します。乳児の１日の生活時間全体を円で表してみます（図1）。おしっこやうんちはおむつの中でする……、食べこぼす……、着替えは全面介助……、泣き止まない……、何を言いたいのか分からない……こちらの意図も伝えにくい……考えてみれば、乳児は"困った"行動のかたまりなのです。しかし、

私たちはやむを得ないこととしてそれを受け止めています（＊もちろん、それを受け止めきれず虐待という形で大人の感情を乳児にぶつけてしまうことがあるのですが……）。

　ですから、子育てや教育というのは、適切な行動には「えらいね〜」「よくできたね〜」と、ほめることでもあり、一方で、不適切な行動には「〜しちゃったね〜」「今度は〜しようね〜」等とおおらかに語り、諭しながら適切な行動に導くことでもあるのです。

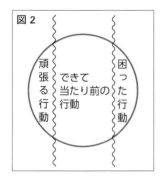

　しかし、年齢が上がるにつれて図2のように変化します。図1にあった"不適切な"行動の多くは、子ども一人でもできる適切な行動になっていきます。そして、いつの間にか、適切な行動は"できて当たり前"の行動と見なされていきます。つまり、できて当たり前の行動の多くはほめられる対象ではなくなっていきます。

（2）できて当たり前の行動ができないと叱ってしまう……

　……そして、いつの間にか、ほめられる行動は子どもがいつも以上に張り切って、頑張った行動に限られていきます。逆に、できて当たり前の行動ができなかったり、遅かったりすると「早くしなさい！」等と叱られることも多くなります。"できるはずなのに、うまくできない！""できるはずなのに、やろうとしない！"……と誤解され、叱られることにもなります。

　さらに、まだ、残っている不適切な行動は"困った"行動と見なされて"克服すべき""何とかすべき"子育てや教育の大目標となり、叱咤激励の対象になります。

(3) できて当たり前の行動に注目する！

　この図1から図2への変化は —— 考えてみれば —— 驚くべき変化・成長です。わずか数ヶ月・数年のうちに子どもはやってのけるのです。正に、"革命的"とでも言うべき変化です。にもかかわらず、大人はいつの間にか"できて当たり前"と思うようになるのです。子どもたちはまだ10年前後しか生きていないのにもかかわらずです。

　逆転の発想のヒントはここにあります。一般的に私たち教師は図2の"困った"行動そのものを減らそうとします。しかし、逆転の発想は急がば回れの姿勢で接することにもなります。一見、遠回りのようですが、確実に近道になるのです。つまり、

○逆転の発想は、"できて当たり前"の行動を増やすことによって、結果的に、"困った"行動を減らす。

○"頑張る"行動が増えなくても、"困った"行動は減らなくても、"できて当たり前"の行動が増えれば —— 1日の生活時間そのものは変わらないため —— 当然、"困った"行動は減ることになる。

　先に、乳児の成長を例にしましたが、私たち教師は、いつの間にか、子どもの適切な行動・望ましい行動を"できて当たり前"と受け止めてしまいがちです。しかし、わずか10年前後しか生きていない子どもにとって、"できて当たり前"の行動は努力の賜なのです。考えてみてください……"小学生・中学生・高校生のように、1時間目から6時間目まで、月曜日〜金曜日まで椅子に座って集団で勉強できる"読者はいないはずです。毎日、学校に来てそれをなしとげている子どもたちの姿は決して"できた当たり前"などではなく、大変な努力の賜と理解したいと思いますし、大いにほめられるべき姿です。

（4）子どもの行動をそのまま言葉に！

　「もう、小学校高学年なのに、できて当たり前の行動をいつまでもほめていたら……」と思う読者もいるかもしれません。しかし、そのときは、子どもの行動をそのまま言葉にしてください。

○「～してくれんだ」「～できたね」と子どもの行動をそのまま言葉にする。
　→子どもは「先生は見てくれている」「ほめられた」と実感する。
　→子どもは、次も同じ行動をしようと努力し、自然にその行動は増える。
　→そして、必ず、他の場面でも、先生に見てもらおうと"頑張る"行動が増える。そのときをたくさんほめる！

　この逆転のほめ方を徹底するだけで、子どもは頑張ります。「いつも先生は見てくれている！」という感覚を抱くのです。子どもの行動をそのまま言葉にするという、大げさでなく、さりげない教師の働きかけは、子どもにとってはとてもうれしいものです。

Ⅲ

魔法のほめ方・10の提案

○発達障害等の配慮を要する子どもには**「ないと困る」ほめ方**であり
○どの子どもにも**「あると便利で・役に立つ」**ほめ方を増やす
○その結果として、全ての子どものたちの過ごしやすさと学びやすさが向上する。

上記の視点を念頭に、ここで提案するほめ方を検討してみてください。

提案１：すぐに・まめに・さりげなく５Ｓで！　名前を添えて！

ほめ言葉５Ｓ＝「さすが」「すごいね」「すてきだね」「すばらしい」「それでいい」

この５つのほめ言葉を言われると子どもはとても喜びます。教師が満面の笑みで、「すごいね！」「すばらしい！」などと語るのももちろんいいのですが、さりげなく・独り言のように「さすがだね！」「それでいいよ！」とポツリと語るのもとても効果があります。

○子どもの"できて当たり前"の行動をすぐに・まめに・さりげなくほめる。
○問題行動とは全く逆の行動をすぐに・まめに・さりげなくほめる。

さらに大切なことがあります。「さすが、佐藤さん！」「佐藤さん、すごいね！」と名前を添えましょう。名前を添えることで、子どもは「見てくれている！」と実感します。教師との信頼関係が強まるでしょう。もちろん、「さすが、３年１組！」「３年１組のみんなはすばらしい！」と学級全体をほめるときにも、「○年○組」と言うことで仲間意識が高まるでしょう。

> ○個別的には、「さすがは、○○さんだね！」と名前を添えて！
> ○学級全体にこそ、「○年○組のみんなはすばらしい！」と！

提案２：称賛的なほめ方と情報的なほめ方

　「さすが！」「すごいねー！」「それでいいよ！」「頑張ったねー！」……などのほめ言葉は子どものいい姿全体をほめています。これは称賛的なほめ方です。多くの場合、私たち大人はこのようにほめています。このようにほめてもらえると、子どもは「応援してもらっている！　見てくれている！」と実感し、「もっと頑張ろう！　期待に応えよう！」とさらに努力します。

　一方で ── 無意識のうちに使っていることが多いのですが ── 情報的なほめ方があります。「〜を片付けたね！」「３回もできたんだ！」「２つ終わったね、あと、１つだね」などとほめることがあります。これは具体的な行動や回数を示しながらほめる方法です。子どもにとっては、行動の結果や見通し、評価が非常に明確になり、分かりやすいのです。また、具体的な回数や量、行動をそのまま言葉にすることになるため、"子どもに分かりやすく、もう一度やりやすい"ほめ方と言えます。

　「３回もできたね！　すごいね！」とほめれば、「３回」という情報と「すごいね」という称賛が合わさることになりますので、とても強いほめ方ということになります。子どもは「次は４回頑張る！」と思うはずです。

> ○称賛的なほめ方＝行動全体やその姿勢に注目してほめる。
> ○情報的なほめ方＝具体的な行動やその回数や量に注目してほめる。

提案3：子ども心をくすぐる魔法の言葉！

　子どもをその気にさせる言葉があります。例えば、幼稚園・保育所、あるいは小学校低学年ならば子どもの好きなキャラクターを例にして「〇〇みたいになれるかなー！？」と語ると、子どもの気持ちは前向きになるでしょう。キャラクターや教師との競争という形で子どもの負けん気に火を付けたり、「〇〇チャンピオン、〇〇名人」「〇年生（一つ上級の学年）レベルだね！」等と、子どもの自尊心をくすぐったりするだけで、いつも以上に力がみなぎってくるものです。子どもの心をくすぐる魔法の言葉を使ってみましょう。

○「先生とどっちが早いかなー？！　片付け競争、よーい・どん！」
○「片付けチャンピオンは誰かなー？！」
○「片付けが遅い人は、休み時間はありません！」ではなくて、「早く片付けできたら、休み時間が少しだけ長くなるよ！」と、子どもの気持ちをフッと前向きにするようなあったかな魔法の言葉を使う。
○「これは〇年生レベルだね！」等と、それができると一つ上級の学年レベルであることをたとえとして示す。これは効果がある！

提案4：ほめるタイミングが大事！── 片付けを例に ──

　ほめるタイミングは大きく分けると4つあります。何かに取りかかる前、取りかかった瞬間、その最中、その活動の終了後です。例えば、片付ける場面で考えてみます。

---

①片付けに取りかかる前 ── 「片付け、できるねー、えらいね！」
②片付けに取りかかった瞬間 ── 「そうだね！　すごいねー！」
③片付けに取り組んでいる最中 ── 「もうここまでできたね！　すごいね！　あと3つだよ！」
④片付けをやり遂げた直後 ── 「全部片付けたね！　できたね！　す

> 　ごいねー！」

　①は本来、ほめるタイミングではありません。しかし、先手を打つ必要がある子どもや何かのきっかけが必要な子どももいます。否、それはどの子どもにも必要かもしれません。ですから、学級全体に対しても発表会の前などに「○組のみんなならば、大丈夫、できる！」と暗示をかけるように励ますときがあります。それと全く同じです。これまでの努力をほめたたえ、次への期待を寄せているのです。

　上記の対応に際しても、称賛的なほめ方と情報的なほめ方をうまく組み合わせるとより意欲をかき立てることにつながります。③の「あと３つだよ！」は情報的なほめ方です。片付けの具体的な終点を明示して励ましながらほめているのです。

提案５：心に響く"Ｉメッセージ"

> ○YOUメッセージ：「○○さん！　がんばったね！　すごいね！」
> ○Ｉメッセージ：「○○さん！　先生はがんばる○○さんのことを
> 　かっこいいと思うよ！」

　YOUメッセージは子どもの行動そのものをほめます。もちろん、子どもを元気にします。しかし、Ｉメッセージは教師＝Ｉ（私）の気持ちを伝えることに特徴があります。「先生がうれしい！」「頑張った佐藤くんを大好きだよ！」と子どもへの教師の気持ちをダイレクトに伝える言葉になっています。ですから、子どもの心に響くのです。

　Ｉメッセージは、「それをしてくれたことは他人事でなく、私がうれしい！」と語ることで、とても強いほめ方になっているのです。

　私たちも同僚との会話の中で、「佐藤さんのおかげで仕事がはか

どったよ！　助かった！　ありがとう！」と言われれば、それは一番のほめ言葉のはずです。

提案6：言い方一つで効果もバツグン！

> ○「すごいね〜！」と大げさに！→その子どもの周りの友達や教師にも伝わるように！
> ○「すごいね〜！」と独り言のようにつぶやく！→子どもに直接伝えるのではなく、しかし、その子どもには確実に伝わるように、さりげなく独り言のようにつぶやく。
> ○「すごいね〜！」と耳元でささやくように！→その子どもに「先生はいつも見ているよ！」という気持ちが伝わるように。

全て「すごいね〜！」の一言です。しかし、その言い方のニュアンスを変えるだけで、その子どもへの伝わり方も大きく変わります。うまく使い分けて、子どもに魔法をかけてください。

提案7：第三者にほめてもらおう！

当時小学校4年生だったAさんは乱暴が多く学級の中になかなか居場所を見つけることができずにいました。しかし、放課後のミニバスケットチームでは、活躍していました。そこで、周りの教師はそのことをさりげなくほめることを繰り返すようにしたのです。

「監督から聞いたけど、土曜日の試合では大活躍だったらしいな！」「Aさんがいなかったら、『負けていた、助けられた！』と監督が言っていたぞ！」等と聞いた話を周りの教師がさりげなくその子どもに伝えていきました。これは本人にとってはとてもうれしいことのようでした。

学級の中での乱暴を注意して減らそうとしたのではありません。A

さんの頑張っている行動に注目して、それを第三者の教師がほめるという逆転の発想を徹底したことで、結果として、乱暴な行動も減っていきました。学校全体のチームプレーの勝利です。これこそ、どの学校でもできる校内支援体制なのです。

> 担任以外の第三者も、その子どもの頑張っている行動をさりげなくほめる！

いつも応援してくれている担任からほめられるだけでなく、担任以外の教師・大人から認めてもらえるというのは、子どもにとってことのほかうれしいものです。私たちも見学に来た参観者から「すばらしい教育をされていますね！」とほめられるととてもうれしいのと一緒です。

提案8：部分をほめる逆転のほめ方！

配慮を要する子どもたちの中には、取りかかりは早くても、うまくいかなかったり、気が散って途中で投げ出してしまったり……ということが多くあります。一方、教師は、できれば、子どもが最後までやりきった後、ほめたいのです。

しかし、これでは、結果として、ほめる機会やタイミングを失うことになりますし、「どうして最後までやらないの！」と子どもは叱られることにもなりかねません。……配慮を要する子どもたちはほめられる機会そのものが決定的に少なくなり、叱られやすくなるのも理解できます。

ここで、発想を転換する必要があります。最後までやりきることが難しいこともあらかじめ想定して、やり始めたらほめるなど"部分をほめる"のです。仮に、最後までやりきれないまでも、部分的には頑

張っているわけですし、少なくとも、自分から取りかかったのです。そのタイミングでほめていれば、もしかしたら、その子どもは最後までやり遂げたかもしれません。

このように、部分的に評価するという発想は、途中で失敗してしまったり、完全にはうまくできなかったりする子どももいますので、とても大切なことです。

> いつでも・どこでも・さりげなく部分的にでもほめる逆転のほめ方！

提案9：ほめるためのしかけを！

靴を靴箱に投げ入れてしまい、きれいに置けない場合を考えてみましょう。①のような絵を描いた紙を靴箱に用意して、靴の形に合わせておくようにしてください。置いたら、必ず、ほめ言葉５Ｓでほめてください。①の紙がボロボロになる頃に、②のような紙にしてください。さらに、③のような紙を用意して「これでも大丈夫だよね」と子どもに確認し、試してみてください。できようになったら、④です。靴箱にビニールテープなどを貼ってみてください。ビニールテープがはがれてしまう頃には「テープがなくても大丈夫だよね」と聞いてみてください。この頃には、きれいに置けるようになるはずです。

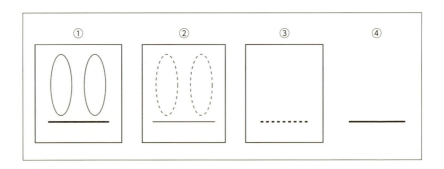

もちろん、④からトライすることもできます。子どもの様子に合わせてチャレンジしてみてください。

> ○スモールステップで"ほめることができる状況"づくりをする。
> ○100回言い聞かせるよりは、一手間かける方がよほど近道になる。

　子どもが"自力でも確実に「できる状況」を用意してほめる"という発想はとても大切です。自力でできる体験こそが、自立に向けた子どもの大きな力になるのです。

提案10：がんばり表や約束カード等でほめる

（1）意義と目的

　「子どもをほめるために約束する逆転の発想！」の項でも触れましたが、安易な目標や約束を"がんばり表"に記しても意味がありません。できなければ逆効果になることもあります。ですので、"がんばり表"も全く同様で、スタンプやシールがたくさん増えて、結果として、子どものモチベーションがより高まるようにする必要があります。子どもはシールやスタンプが貯まるのをとても喜びます。（否、実は私たち大人もなのです！　後に触れます。）それには理由があります。

> がんばり表や約束カードで、子どもの頑張りとそのプロセス、それへの評価を"見える化"する！

　言葉やジェスチャーで称賛を伝えることはもちろんできます。しかし、がんばり表等の一番の効果は、頑張ってきた自分の歩みが ── 正に、一歩ずつの積み重ねとして ── "見える化"されることにあるのです。

この発想は当然、配慮を要する子どもには「ないと困る」ほめ方になります。しかし、同時に、どの子どもにも「あると便利で・役に立つ」ほめ方になるのです。

> ○配慮を要する子どもがある目標に向けてシール等を貯めるという支援は「ないと困る」支援であり
> ○周りのどの子どもにとっても「あると便利で・役に立つ」支援になる
> 　→つまり、がんばり表や約束カードは個人としても活用できるが、学級全体としても活用できる！

　上記の発想で取り組んだ好事例を紹介します。暴言が多い子どもが数名いる小学校6年生の学級で取り組んだ"あったかい木"と称する実践です。模造紙2枚分に描かれた木が教室の背面に掲示されていました。帰りの会で、友達から言ってもらった温かい言葉を各班で一つずつ決めて、木の実（ここではリンゴ）型のカードに書いて、木に貼り付けていく簡単な取り組みです。"暴言を減らすには温かな言葉を増やす"という逆転の発想による実践です。温かな言葉を増やすことは、暴言の多い配慮を要する子どもには「ないと困る」支援であり、どの子どもにも「あると便利で・役に立つ支援」になるはずです。

　ユニバーサルデザインの発想は学級全体のモチベーションを高めるのにもとても有効です。

（2）目標設定のポイントと工夫

①子どもが確実にできる目標を含める。

> ○達成感・満足感　── まずは、子どもが取り組みやすいように、半歩先、一歩先の具体的に細分化されたすぐにでもできる行動を対象に

する。
- ○目標の数 ── 子どもに応じて検討する。少なくとも、がんばり表の使い始めは「がんばるとほめられて、いいことが起きる」達成感を味わうためにも、1つか2つに絞る。
  - ＊がんばり表を使うことに慣れてきたら、たくさんの目標を用意することで、ある目標でうまくいかない場合でも、他の目標でリベンジする機会を用意することもできる。子どもの様子に応じて目標数を検討する。
- ○具体性 ── 「（得意な）算数の時間は着席して勉強する」「ぶつかってしまったときは『ゴメンね』と言う」教科や場面でしぼる。対人関係に関わる行動目標も具体的に設定する。

②本人参加による目標設定

　教師が一方的に決めるのではなく、子ども本人と相談し目標設定します。実現の可能性も確認しながら本人参加型で決定することで子ども自身の責任感も増します。

- ○自己申告型・相談決定型 ── 本人とよく相談し、本人が意識しやすい目標を自己決定する。
- ○トップダウン型 ── あえて、「先生は○○さんに～を頑張ってほしい！」と提示したり、「今の○○さんならば、○年生（一つ上級の学年）レベルだから、～もできるよね」と提案したりして期待をかけることも。

③教師が意識しやすく、評価しやすい目標で

　教師は慌ただしい中で対応することが多くなります。ですから、教師が子どもの行動を確認して、「すごいね！」と確実にほめることができることはとても大切です。

> 子どもにとって分かりやすいだけでなく、教師にとっても確認しやすく分かりやすい目標にする。

④肯定表現での記述を基本に

> ○「～してはいけない！」という否定語ではなく、逆転の発想で、「～する」という行動記述を基本に。
> ○否定表現で「～しない」と記述する際には、本人とよく確認する。

（3）評価のポイントと工夫

　（１）でも触れましたが、実は、私たち大人もがんばり表によって日常的に消費行動を喚起されています！　読者の中には、スーパーマーケット等のポイントカードにスタンプを貯めて、"20個貯まると100円割引券プレゼント"等を楽しみにしている方もいるでしょう。あるいは、"今日はポイント２倍！"……ともなれば買い貯めすることもあります……筆者もその一人です。

　子どもも同様です。否、それ以上、楽しみにすることでしょう。がんばり表や約束カードの成否は、"どのようなポイントの貯まり方ならば、その子どもは本気になるのか"を ── 本人と相談しながらでよいので ── 把握し、それに応じた評価の仕方を工夫することにあります。私たち自身の消費行動の実感も踏まえながら、正に、教師としての腕の見せ所になります。

　繰り返しますが、確かに一手間かかるのです。しかし、100回安易な約束をするよりも、一手間かける方が効果は期待できます。

> ①単純○×タイプ
> 　できたか・できないかを単純に○と×で評価する。"がんばり表"

の活用当初には最も分かりやすい。
②点数配分タイプ
　ある行動は1点、ある行動は5点……等、その子どもの生活の様子から行動別に得点が高かったり、低かったりする。
③集計の工夫
　○加点法タイプ　── ある同じ適切な行動をしたら、○や点数が加算されていく。
　○減点法タイプ　── ある同じ不適切な行動をしたら、その分はマイナス点がついたりして、減点される。
　○1日で評価する・1週間単位で評価する　── その日こどに集計評価することも大切だが、それを1週間分総計し、何点以上だったらボーナスポイントがつく等。例えば、家庭との協力で、家でゲーム10分間プラス等。
　○ボーナスポイント制　── ○が5つ以上になったら、○を2つプレゼントのようなボーナスポイントも。あるいは、ポイント2倍の日をあえてランダムに設定することで、子どもの期待感を高めることもできる。
④誰が保管しているか
　教師がもっている、子どもがもっている、あるいは、校長先生や立場のある人が保管して、報告に行ってスタンプ等をもらうことも大きな励みになる。
⑤正確に行動測定できにくい場合は、「できた ── 3」「だいたい ── 2」と得点配分することも検討。

　以上のように、様々な工夫が可能になります。がんばり表はその工夫次第で子どものモチベーションを高める大きなきっかけになります。

（4）フォーマットとネーミングの工夫
　もちろん、シンプルな表でも構いません。しかし、ここでも、ちょっとした工夫が子ども心をくすぐります。その子どもの趣味や得

意なことを踏まえて、子どもとも相談しながら検討します。がんばり表の形そのものやネーミングにも工夫を凝らしてみてください。

> ○すごろく型 ── 例えば、電車が好きな子どもならば、線路にシールを貼っていく。駅に到着したらごほうびがあり、さらに、最終目的地に到着したらより大きなごほうびが待っているという期待感を大切にする。
> ○キャラクター型 ── キャラクターの目や鼻・手・足などにシールを貼っていく。
> ○大好きなケーキやクリスマスツリーの形等にシールを貼っていったり、山登りの形にしたりする。
> ○碁盤の目タイプ ── 囲碁盤の目のような表にひたすらシールを貼り続ける。＊途中にボーナスポイント地点を設けるなどする。
> ○ネーミングの工夫 ── "○○チャンピオン""○○マスター""○○ステージ""○○レベル"などのネーミングにする。

（5）ユニバーサルデザインとしてのがんばり表・約束カード

　かなり個別的なイメージで触れてきました。しかし、再度、確認したいと思います。これらの工夫はどの子どもにも、学級全体での取り組みとしても十分に活用可能で有効な方法なのです。学級全体での競い合う雰囲気、仲間で取り組む雰囲気……配慮を要する子どもたちに「ないと困る」がんばり表等のほめ方は、確実にどの子どもにも「あると便利で・役に立つ」ほめ方になります。

IV

逆転の発想で叱る！

子どもを叱る前に、ちょっとブレイク！

（1）気を引く行動！

　初恋の頃を思い出してみてください。ストレートに気持ちを伝えることができた人はいるでしょうか。淡く切ない思いをどのように表現していましたか？　その人の前でいつも素直でいられましたか？　きっと、その人に対してとてもやさしくしてみたり、わざと冷たくしてみたり、知らんぷりをしたり、逆に、わざと心ないことを言ってみたり、とても張り切ってみたり、背伸びをしてみたり……そんな経験のある読者もいるでしょう。これらの行動は ── 結果として ── その人の気を引きたくてしているのです。

（2）"困った"行動！？は気を引く行動！

　さて、いわゆる、"困った"行動はどうでしょう？

> 誰かの気を引くために、注目を集めるためにしている"困った行動"はとても多い！

　学校生活の中で居場所が少なく、認められる機会も少ないとしたら、内在化してしまう場合は、不登校という行動で表現するかもしれません。

　一方で、外在化する場合は、何らかの"困った"行動を起こすことで、気を引こう、注目を集めようとするかもしれません。そこに自分の居場所を求めようとする子どもは少なくないと考える必要があります。

　気を引くために、わざと"困った"行動をしているということは大いにあり得るのです。"困った"行動をした子どもを前にして黙って見過ごせる大物先生はそういません。必ず、「ダメだよ！」と叱るで

しょう。そのとき、こう考える子どももいるでしょう。「友達の注目を集めることができた！」、結果的に「先生がかかわってくれた！」と、そのことに何らかの自己確認をしていることも考えられます。

（3）ちょっと待てよ！

「注目されたい！」「かかわってほしい！」という気持ちで、子どもが"困った"行動をしているとするならば……ちょっと待ってください……。例えば、教室を飛び出す子どもを追いかける場面を想像してみてください。もしかしたら、"困ったことをすれば、来てくれる！　見てくれる！　追いかけっこできる！"と子どもが考えるとしても不思議ではありません。

これは相手の気を引くためにわざと"困った"行動をする社会的注目行動と言われるメカニズムです。いわゆる中学生の突っ張る行動もこのメカニズムで説明が可能です。"無視する"のが一番効果があると言われます。しかし、現実の教室の中で、それは不可能なのです。だとするならば、この状況でこそ、逆転の発想なのです。

> ○ "困った"行動をしていない"普段の姿"＝それは望ましい"いい姿"。むしろ、その姿に意識して注目して、5Sでほめる。
> ○ 一方で、"困った"行動に対しては、"叱り方を変える"ことがポイント。決して大げさにせず、たんたんと、"～するよ！"と肯定的に伝える。やってほしい正しい行動を伝えることに徹する。

 ## "叱る"行為が不可欠だとするならば……

（1）"ほめる"を前提に！

日常的には、「先生は見てくれている！　頑張るとほめてくれる！」

という感覚を子どもが抱いていることが何より大切です。つまり、

> ほめる・認めるの称賛・承認がベースにあり、信頼関係が築かれているからこそ、時として、厳しい叱責がその場の空気の本気度を高め、子どもの心に響く。

　何かにつけて叱られ……しかし、うまくできず……また叱られを繰り返す日常にあっては、叱ることそのものの効果は激減するでしょう。称賛・承認をベースにしてこそ、"叱る"ことの効果が倍増するのです。

（２）"怒る"にしない

　誰だって叱られ続ければへこみます……、自信を失います……。最も身近な教師から、仮に、叱られることが多くなれば、子どもにとって辛い状況になります。私たち教師は ── 学校でも ── 子どもができているときは特にほめることもなく、そのままのことが多いものです。すでに触れてきたように、「できて当たり前」という感覚が強いのです。

　しかし、やらなかったときはどうでしょう？　「何でやらないの？」とつい叱ってしまうのです……。時に、うっぷんを晴らすような感情の爆発、すなわち、"怒る"になってしまいます。その場合には、おそらく、子どもに真意が伝わっていないことも多いのです。

> 教師のその行為が教育として力を発揮するには、単なるうっぷん晴らしの"怒る"ではなく、子どもが「次はどうすればいいか」を理解する"叱る"にする必要がある。

"困った"行動の原因は様々

ここでまた、じっとしているのが苦手な子どもの例で考えてみましょう。次の図にあるように、ちょっと考えただけでも、様々な原因を挙げることができます。

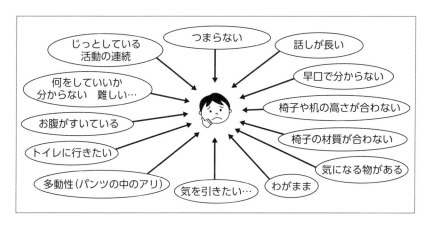

"困った"行動には、必ず、理由・原因があります。その原因が、眠い…疲れた…トイレに行きたい等…子どもにある場合もあります。しかし、よく考えてみると、たとえば、教師の指示や説明が不十分で何をしていいのか分からない…、やることがなくてつまらない……等も考えられます。さらには、それらが絡み合っている場合もあるでしょう。

ここで確認したいことは、"じっとしていられない"原因は様々に考えられ、少なくとも言えることは、「その子どもだけが悪いのではない！」ということです。子どもにだけ原因を求めてはいけません。本書の冒頭の例のように、パンツの中のアリと戦っている子どももいるのです。ですから、「座ってなさい！」と叱ったところで、簡単に解決できることではないのです。

> 子どもたちはまだ10年前後しか生きていない！　分からないこと、できないこと、分かっていてもできないこと、困ること、戸惑うこと、不安に思うこと………いっぱいあって当然の存在 ─ それが子ども。できなくて、困るから子ども。"大人しい"大人になるには、それなりの年月が必要になる。

叱る・怒る・ほめるを登山にたとえると！

（1）適切な行動への最短ルートは？

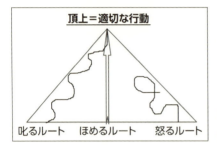

　叱る・ほめる・怒るを登山にたとえて図のように考えてみます。ここでは、適切な行動を増やすことをイメージしてみます。目標は山の頂上、すなわち、"適切な行動"です。教育は子どもの"適切な行動"を増やすという頂上に向けて、子どもと教師が日々一歩一歩、山を登るような感覚にたとえられるでしょう。図の3つのルートを極端に考えてみます。

　ほめる登山ルート＝これは最も直線的な最短ルートになります。もちろん、それなりの労力は必要ですが、難所も少なく、最も登りやすい登山ルートになります。

　叱る登山ルート＝難所も多く、距離も時間もかかるルートになります。労多くして得るものは決して多くない困難なルートと言えそうです。

　怒る登山ルート＝これは道に迷ったり、滑り落ちたりするような難

所ばかりで、遭難の恐れがある、かなり危険なルートになります。これは、子どもも教師も、結果的に辛い状況に陥る可能性の高いルートと言えそうです。

冒頭でも触れたように、子どもが否定的な環境で育つ場合のリスクを私たち教師は十分に知っておく必要があります。

（2）怒る登山ルートの危険性

①教え子の例から

すでに、いくつかの調査研究が指摘していますが、少年院に在院する子どもたちの中には、幼児期から家庭の中でも、保育・教育現場でも、極めて否定的な人生を歩んできた子どもたちが数多くいることが明らかにされています。幼児期から「お前は何やってるんだ！」「何度言われたら分かんるだ！」と（仮に、努力してもうまくいかないことを）家庭でも保育所・幼稚園・小学校でも叱られ続ければ、誰でも嫌になるでしょう。

> 加害者になる前に、否定され叱られ続けるという、明らかに被害者としての歴史を背負っている。

人間誰しも承認欲求をもっています。誰しもがどこかで認められたいと願っています。その根源的な欲求が幼児期から家庭でも学校でも十分にかなえられないとするならば……。

後に、反抗挑戦性障害という診断を受けることになる筆者の教え子の一人は、乳幼児期から落ち着かず反発的で家庭にも保育所にも居場所がないまま小学校に入学しました。1年生のときから何かにつけて叱られていました。その頃から夜間の外出が増え、小学校2年生のときに、すでに中学生のグループに入っていました。彼の役割は「パパに言われた」とウソを言ってはお店でたばこを買うこと（＊当時は可

能だった）でした。仮にその役割が使い走りでも、やり遂げたことを「お前よくやったな！」と先輩に頭をこづかれてほめられることがうれしかったと後に語っていました。

　仲間に認められ、それなりの役割を果たすことが、その子どもの承認欲求を満たしているのです。何とも切ない話ですが、これに近い現実は各地・各校にあるのではないでしょうか。

　②気持ちのコントロール力が育ちにくい

　叱られて押さえつけられることが続けば、自分をコントロールする力が育ちにくくなります。なぜならば、自分でコントロールする前に、怒鳴られ、力ずくで大人に行動をコントロールされることになるからです。結果として、大人や自分より力の強い存在にばかり気を遣うことになります。加えて、強く叱られなければ、あるいは、見つからなければ、何をしてもいいということを学ぶでしょう。物事の善悪の判断基準が子どもの中に内在化されにくくなります。善悪の判断が十分に育っていないならば、悪気なく"困った行動"をしてしまう原因にもなるのです。

　幼児期から言って聞かされて、諭されることなく、外からの力だけで行動を押さえられれば、友達との関係も、力で解決すればよいということを学ぶことになります。力ずくの子育てや教育はとても大きな危険性をはらみます。

> 怒る登山ルートでは、自分の気持ちをコントロールする力や善悪の判断力が育ちにくくなる。

　まして、家庭環境も否定的であるならば、子どもは本音で自分をさらけだして甘える機会は皆無になるでしょう。子どもはまだ10年前後しか生きていません。心の底から甘えたいと願っているはずです。

学校でできることは限られていますが、図にあるような"怒る登山ルート"の否定の連鎖だけは避ける必要があるのです。

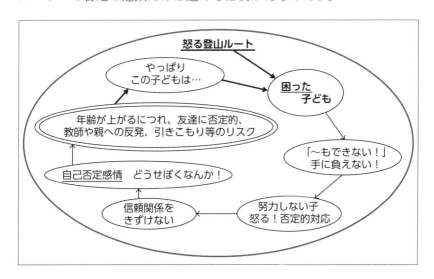

5 周りの子どもは教師を見て育つ

"困った子どもだね！"という教師のその子どもへの気持ち・見方・対応の仕方・言葉のかけ方を周りの子どもたちは見ています。

> 教師は子どもたちの鏡。教師のその子どもへの立ち居振る舞い・姿勢から、周りの子どもたちはその子どもへの接し方を敏感に感じ取る。

その結果、その子どもは教師だけでなく、友達からも否定的な感覚を受け取ることになるのです。"否定の連鎖"の始まりです。

怒る登山ルートは様々な危険をはらむことになりそうです。もちろん、この状況の真逆もあり得ます。魔法のほめ方で接する教師の思いが周りの子どもたちにもにじんで伝わります。

> 「何度叱ってもこの子どもはダメ！」＝"その叱り方はダメ・変えた方がいい"のサイン！

　「何度言ったら分かるんだ！」と思ったら、一度、叱ることをやめましょう。少なくとも、"その叱り方"は変える必要があります。効果のない叱り方を繰り返せば、子どもとの信頼関係は確実に損なわれます。

　繰り返しますが、基本は、逆転の発想です。"叱りたい行動の真逆の行動をしているときをほめる！"　── これに尽きます。これが一番の近道です。しかし、現実は、叱る場面は多々あります。

　次章では、叱り方を変えるポイントを具体的に考えてみたいと思います。

V

魔法の叱り方・10の提案

> ○発達障害等の配慮を要する子どもには「**ないと困る**」叱り方であり
> ○どの子どもにも「**あると便利で・役に立つ**」叱り方を考える
> ○その結果として、全ての子どものたちの過ごしやすさと学びやすさが向上する。

　上記の視点を念頭に、ここで提案する叱り方を検討してみてください。

提案１：ゆっくり・はっきり！

〈伝えたつもりが…！〉

　子どもを感情的に叱るときをちょっと思い出してみてください。「〜してはいけないと言われているよね！　〜だから、〜になっちゃうんだ！　〜になったら困るだろう！　ダメだぞ！　もうしないな！」……いったい、いくつの言葉を話したでしょう……！？　大人の感覚で話し続ければ、子どもは言葉のシャワーを浴びるようなもので……？　……？　……です。

〈子どもが理解できる言葉は少ない！〉

　年齢にもよりますが、子どもが一度に記憶し理解できる言葉の数は決定的に限られます。まして、速いスピードで、切れ目なく連続して話された言葉を理解するのは、大変なことです。子どもと大人の言葉の理解力はそれぐらいの違いがあると思ってください。

> ゆっくり、はっきり伝える！

〈スピード違反にご用心！　やっぱりゆっくりがいい！〉

　もう、10年以上前に聞いたちょっとした笑い話を紹介します。当時、各地で同じような現象が起きていたことが新聞等でも取り上げられたようです……。ある日、小学校１年生になったばかりの子どもが

ママに「しりとりガムがほしい」と言い出しました。ママは子どもと一緒にスーパーやコンビニを探すのですが見当たらない……店員さんに聞いても「そんな新製品はない……」とのこと。

数日後、テレビを見ていたその子どもが大声で「ママー、しりとりガムの宣伝が始まったよ！」と叫びました。ママが急いでテレビを振り返ればそれは「キシリトールガム」の宣伝だった……。子どもには"キシリトールガム"は"しりとりガム"に聞こえていたのです……。

大人の話すスピードに子どもはついていけません。

提案２：叱る原則 ── 短く・毅然と・端的に！

叱ることの難しさや危険性に触れてきましたが、全く叱らなくてすむかと言えばそれはあり得ません。

叱る場合のポイントはありそうです。簡単にまとめてみます。

○短く ── 長い話は要点を不明確にする。逆に言えば、短く叱れない場合は、教師が感情的に"怒っている"状態でもあり、子どもを"叱りたいこと"＝子どもに期待したいことがはっきりしていない状況になっている。また、叱る言葉を多くすると子どもを余計にいらだたせ、全く逆効果の場合がある。

○毅然と ── "怒鳴る"ことではありません。「これは譲れない」「こうあってほしい」という教師の本気の気持ちを声のトーン、視線、顔表情全体、身体で伝え、叱る空気を高める必要がある。

○端的に ──（子どもがそれを理解している場合もあるが、）叱られる"理由"を分かっていないこともある。正しい行動を伝え、必要に応じて、リハーサルする。

○肯定表現で終える ── 短く・毅然と・端的に「～はいけない」と伝えつつ、「～してくれるととてもうれしい！」「～できる○○さんはすごいと思うよ」……と肯定表現で終える。

提案３：前置きをして叱る！

　叱ったものの、どうも子どもの心に響いていない……ということもあります。叱るときには、叱る本気の空気をつくりだすことも大切です。子どもにしっかりと向き合って、「大事な話をするよ！」「先生を見て！」と前置きします。決して怒鳴るのではなく、本気モードで叱りきることが大切です。教師の本気は子どもにきっと伝わるはずです。

> 前置きで、本気の空気をつくりだす！

提案４：禁止・否定語はNG！ ── ブロークンレコード法 ──

　「～しない！」という禁止・否定語の誓いは多くの場合、すでに触れてきたように大人も守りにくいものです。大人でもできないことを子どもにできるでしょうか？　子どもには「～しない！」という否定語の約束を守るのは至難の業です。子どもは「～しない！」という否定語の行動目標はとても分かりにくく、守りにくいのです。なぜならば、「～しない！」代わりに「何をする？」が分からないのです。

> 「～しない！」という代わりに、「～します！」「～するよ！」と肯定表現で叱る。

　例えば、離席している場面ならば、「座って勉強します」と端的に伝えます。しばらくして、まだ離席が続いているときも感情を抑えて「座って勉強します」と（壊れたレコード"ブロークンレコード"のように同じセリフを）繰り返すのです。この方法には教師の感情の高ぶりを抑える効果もあります。

　仮に、「フラフラするんじゃない！」と感情的に否定語で叱るとし

ましょう……。感情的に叱っても、仮に、着席しない（パンツの中にアリがいて着席できない）としたらどうなるでしょうか？　周りで子どもたちが見ている中で、教師は負けることになります。無理に、勝つ必要はありません。

> 譲らず・負けないことが大切！

　禁止語・否定語が多くなればお互いに人間ですから感情のもつれが必ず生じてきます。淡々と毅然と肯定表現で"期待される行動"を伝えてください。

提案５：名前を呼んで目力で！

〈頭ごなしで言われると……！〉
　「ダメ！」「違う！」── 私たち教師も頭ごなしに、急に言われたら"カチン！"ときますよね。頭ごなしのいきなりの禁止・否定の言葉は子どもも「えっ！」と思うのです。気持ちの切り替えが苦手な子どももいます。子どもによっては、いきなり反発したり、パニック状態になり混乱したりすることもあります。

〈名前を呼ぶ！〉
　すぐにでも止めたい行動ならば「○○さん！」とまず名前を呼んでください。目力でしっかりと子どもに伝えてください。子ども自身が「あっ！　いけない！」と自分で気づく瞬間、自分で止める瞬間が大切なのです。その上で、「〜してはダメ！」ではなく、「〜しよう」とポジティブな言葉で望ましい行動を伝えてあげてください。

　「○○さん、〜しよう！」「今、〜しようとしてたんだね！」と、子どもなりのプライドを尊重しながら語れたらなおいいです。

　名前を呼ばれると「えっ」と我々大人もふと我に返ることがありま

す。名前を呼ばれて「あっ！　まずかった！　〜しよう！」と"自分で気づいて・自分で・自分の行動修正をする"── そのことの積み重ねがセルフコントロールの力を高めるのです。

○「ダメ！」「違う！」「何やってる！」などの頭ごなしの叱責はNG。
○ "止めたいときは名前を呼ぼう" ── 本人が自分で気づいて、"自分で自分の行動をコントロールする"ことが大切。

　100の言葉で感情的に叱るよりも、短く・厳しく・目に力を込めて、目で叱るつもりで「〜します」と伝えてみてください。

目は口ほどにものを言う！ ── 目力で毅然として ──

提案6：具体的に！ ── あいまい言葉にご用心！ ──

　「ちゃんとやりなさい！」「しっかりやりなさい！」「なにやってんの！」「たくさんやりなさい！」「あと少しでいいですよ！」「こっちでしょ！」「あっちでしょ！」……これらのあいまい言葉を子どもを叱るときについ使ってしまいます。しかし、よく考えてみると、何をしていいのかよく分からない言葉ばかりです。

　たとえば、野球部の練習風景を思い描いていください。叱り方が下手な監督は「こらー、何やってんだー、どこ見てんだよー、しっかりしろよー、いいかげんにしろ〜」と怒鳴っている場面があるはずです。よ〜く考えると「何をしたらいいのか？」全く分からない叱り方なのです。これでは、野球はうまくなりません。感情を爆発させているだけで、叱ったことになっていない典型例です。

　つまり、こちらが怒っている雰囲気は子どもに伝わっても、何をしていいのか教師の真意はまったく伝わっていない状況、すなわち、

叱ったつもりになっていて、叱ったことになっていないのです。

　子どもはその場の教師の勢いに押されて分かったつもりになってしまいます。結局、「さっき言ったでしょ！　どうしてできないの！？」となり、子どもは「（よく分からなかったけど）言われたとおりにやったつもりなのに……」となりかねません。

> 「〜します」「〇回やります」「〇分までやります」「ここまでやるよ」等……やること、回数、終わりを分かりやすく伝える。

提案７：リハーサル効果！

　子どもは叱られている雰囲気を理解できても、実は、「何を？　どうすればいいの？」と全く分かっていないこともあります。話し言葉は見えません……消えてなくなりますから……。では、ポイントを確認します。

> ①ゆっくり・はっきり話す→②身振り・手振りも加える→③できれば、その場で具体的に手本を示す→④さらに、子どもと一緒に実際にやってみる→⑤「そうだね！　かっこいいね！」「さっきも、今みたいにやろうとしてたんだよね！」と実際にやってみて、ほめて終わる！

提案８：ほめるために・叱る！　という逆転の叱り方

　ちょっと、手間がかかるように思えます。しかし、何回も感情的に叱るよりも、提案７のように、丁寧に叱りきってほめて終わる方がよほど効果があります！　試してみてください。子どものプライドを傷つけずに伝えることができます。

叱るときは、適切な行動を伝えるチャンスがきたと受け止めて、逆転の発想で支援しましょう。「〜は〜だから、いけないよね。〜しようね。」「じゃー、1回やってみようか？　そうだね！　できるね！　先生もうれしいよ！　さっきもこうしようと思っていたんだよね！」と教師の気持ちを伝えてください。
　あるいは、「〜はいけないよ。でも、ここでがまんできたことはえらかった！」と10歩引いてでもほめるポイントを見つけます。「次は〜できると先生はうれしいよ！」とほめて終わるようにする。

> 叱るときはほめるとき！　ピンチをチャンスに！

提案9：Ｉメッセージで叱る！

　たとえば、離席していた子どもが教室に戻ってきた場面で考えてみましょう。

> ○YOUメッセージ:「何してたの！　どこに行ってたんだ！」
> ○Ｉメッセージ:「1人で戻ってきたね。佐藤くんがいてくれないとさみしいよ！」

　つい、YOUメッセージを使ってしまうのです。しかし、それをぐっと飲み込んで、教師の本気の気持ちを伝えるＩメッセージを使うことを心がけてみてください。子どもの行動がすぐに変わらなくとも、少なくとも、教師に対する子どもの思いは確実に変わり始めます。

提案10：視覚的に叱る！　振り返る！

　「何度言ったら、分かるんだ！」と100回叱るよりも、視覚的に一

手間かける方がよほど効果的な場合があります。「書かれたものが第一言語、話し言葉は第二言語」という自閉症当事者の有名なたとえがあるほどです。個別対応での活用になりますが、使い方によっては学級全体での活用も十分可能です。

> 視覚的な叱り方や振り返りは自閉症等の子どもにとっては「ないと困る」支援、同時に、どの子どもたちにも「あると便利で・役に立つ」支援になる！

もし、「何度言ったら分かるんだ！」というほど叱らざるを得ない子どもがいたら、ぜひ、試してみてください。文字が読めれば幼児から高校生まで活用可能です。単に諭して言い聞かせたり、叱ったりするよりも、効果的な方法を紹介します。

また、以下の、いずれの方法も学級活動や道徳等の学級全体でも活用可能な視覚的方法になります。

つまり、配慮を要する子どもには「ないと困る」叱り方であり、どの子どもにも「あると便利で」伝わりやすい方法です。叱る内容や望ましい行動を"見える化"する点に大きなポイントがあるのです。

（1）イラスト・トーク法

> ①紙を2枚用意する。＊学級活動で活用する場合は黒板に枠を二つ描いて進める。
> ②図Aの紙に本人と相手の友達の棒人間（＝目や口は描かない。顔は〇、胴体、手、足は線画）のようなイラストを描き、吹き出しをつける。
> ③その吹き出しの中にトラブルのきっかけとなったセリフを子どもと一緒に振り返りながら書き分ける。

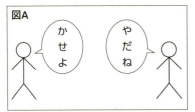 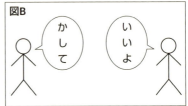

④一緒に考えながら、「『かせよ』というこの言い方はどうかな?」
「先生も『かせよ』と言われたら嫌な気持ちになるな……」……等
と確認していく。
⑤「ちょっと、リセットしてみようか」等、心に落ちやすい投げかけ
をする。
⑥もう1枚の紙(図B)に同様に2人の棒人間を描き、「どんな言い
方がよかったかな?」と一緒に考えながら、モデルになるセリフを
書き込む。
⑦最後に、リハーサルをしてみる。

　書きながら(描きながら)考える象徴的な方法です。絵にして、文字にして、見える化することで、より心に落ちることになります。先に触れましたがこれは文字が読めれば幼児から対応可能な方法です。

(2) イメージ地図法、概念地図法、連鎖キーワード法、マインドマップ法

①大きめの紙やあるいは、ホワイトボード等を用意する。
②その中心に対象となった行動や一緒に考えたいテーマを書く。
③子どもと会話をしながら、テーマに関連して思いつくキーワード
　(その行動前後の出来事やそのときの気持ち)を挙げてもらう。「こ
　ういうこともあるかな?」とポイントになりそうなキーワードはは
　ずさないように、子どもの同意を得ながら次々と書き出していく。

＊書くのが得意な子どもの場合は、もちろん、子どもが書いてもよい。
④キーワードと中央のテーマとを必要に応じて線で結ぶ。
⑤そのキーワードからの連想でも、あるいは、中央のテーマからの連想でもいいので、次々と（断片的で構わないので）思いつく言葉を書いていく。
⑥教師もヒントになるような言葉を必要に応じて書き加える。最終的に重要なキーワードを子どもと一緒に拾い上げて、テーマに対する対応法を文章化（＊後述）するなどして確認する。

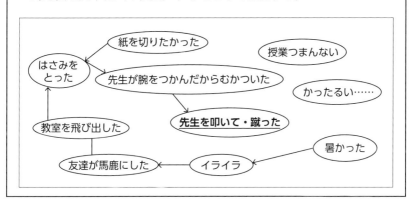

　問題を起こしてしまったとき、子どもの頭の中は興奮状態が長く続くことがあります。順序立てて話しなさいと言われたところで、子どもは対応できないことがあります。そのとき、まずは、ランダムでいいので、「思いついたことを話してごらん」と伝えます。子どもは思いつくままに、そのときの状況を語りながら、頭の中や気持ちを整理していくことになります。混乱している頭の中を徹底して見える化することで、振り返る方法です。
　この方法は何かのトラブルを学級活動で振り返るときにも有効です。

(3) 三択（選択）クイズ法

「こんなときどうする？」「きみならどうする？」のようなネーミングで現場でも長く活用されてきました。あるトラブルの振り返りに際して、「〜について、どう思いますか？」と多少抽象的な質問を紙に書いてまず聞いてみてください。抽象性が高いと考えるのが難しいときには、それに対する想定回答をいくつか用意しておきます。

---

1. 佐藤くんは3時間目の休み時間のときに、田中くんの頭を叩いてしまいました。田中くんはどんな気持ちだったと思いますか？（　）の中に○をつけて下さい。
   ①痛くて悲しくなった（　　）
   ②今度は佐藤くんを叩こうと思った（　　）
   ③喜んでいた（　　）
   ④よく分からない（　　）
   ⑤答えたくない（　　）

もちろん、トラブルの原因になった場面から時系列に振り返ることもあります。最後には、「では、どうしたらよかったと思いますか？」という質問があり、それに対する回答を複数用意しておくことも大切です。クイズに答えるような形で、あるトラブルを振り返り、望ましい行動を考えていく方法です。

各選択肢に「よく分からない」という回答も用意してください。「どうしたらいいのか分からない」あるいは、「相手の気持ちが分からない」ということもあります。「分からない」と回答した場合には、本項の他の方法で試しながら、丁寧に振り返りをしてみてください。

⑤にある「答えたくない」も大切です。その場合には、頭の中の興奮状態が続いていることも考えられます。その場合には、（2）のイメージ地図法などで振り返ってみてください。

（4）フローチャート法

これは時間を追って物事を考えることが得意な子どもに効果的です（ちなみに、複数の出来事の関連性や全体像を把握するのが得意な子どもは、どちらかと言えば、一目見て分かるような「イラスト・トーク法」や「イメージ地図法」かもしれません）。

①図のように「Aさんは最初に何て言ったの？」と聞きながら、◯の部分にセリフを書き込む。
②「そうかー、それで、Bさんは何て言っていた？」と確認し、◯の部分にセリフを書き込む。
③「それで、ケンカになったのかー」と同じく図のように書き込む。
④「じゃー、ここでリセットして、考えてみよう」「最初のこの時点で何て言えばよかったのかなー？」と問いながら、望ましいセリフを一緒に考えてみる。
⑤最初の◯の下に□などを描き（できれば色違いのペンがよい）その中にセリフを書く。「この言い方ならば、Bさんは～のように思って、ケンカにはならなかったと思うよ」と教師はBさんの立場で□の中に、Bさんのセリフを書き込む。
⑥最終的には「～のときには、～と言ってみよう」などと対応法を文章化（※後述）するなどして再確認したい。

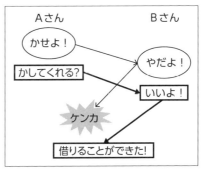

（5）リセット・リハーサル法

カセットレコーダーの時代には、"巻き戻し法"等の名称で活用されていました。現在では、「リセット」でしょうか？　この「リセット」のように、振り返りで使える子どもの心に落ちやすい言葉・キー

ワードを見つけることも大切です。どの子どもにも必ず言い分があります。それを確認する必要があるのです。ケンカの振り返り場面で考えてみます。

> ①落ち着いた後に、「リセットして考えてみよう！」「スローモーションでもう一度やってみて考えよう！」等、実際の場面を再現するように投げかける。
> ②対象の子どもだけでなく、（できれば、周りの子どもにも何らかの要因があることが多いため）関係者でケンカの前から振り返りを行う。
> ③実際にやっていた活動（遊び等）、言った言葉、ケンカの場面を順番に再現する。
> ④どこにケンカの原因があったのか、その振り返りの中で子どもたち同士で考える。
> ⑤振り返りが十分に深まらない場合は、もう一度再現し、「ストップ！　一時停止して考え直してみよう！」「ここでは他の言い方はないかな？」「ここでは、このように言ってみたら！」等と具体的な振り返りをしながら、叩く代わりになる適切な行動や言葉を具体的に確認し合う。
> ⑥その上で、「〜の場面まで戻って、もう一度、今の（正しい）やり方でやってみよう！」とリハーサルしてみて、できたら、必ずほめ終わる。

　この方法の特徴は、子ども中心で振り返りを進める点にあります。教師は映画監督のように、ポイントになる場面で進行を止めて、「そのシーンは〜の方がよくないか？」等と子どもたちに投げかけます。子どもが自分自身で気づいて、自分自身で行動修正することを手助けすることに徹します。

（6）文章化法

　（1）～（5）のいずれの方法をとるにせよ、最終的には適切な行動を文章化して確認します。いくつもの行動目標を含むのではなく、とりあえず達成できそうな一つの行動から始めます。「～のようなときには、～するのではなく、～しよう」のように、禁止・否定語で終わるのではなく、肯定表現で文章を結びます。

　下記は実際に活用された小学校1年生向けの文章化の例文です。ポイントは"算数"という佐藤くんの得意科目をとりあえず対象にしつつ、離席することの周りへの影響や着席のメリット、そして、佐藤くんへの教師の気持ちを端的に伝えています。

> さんすうのときは、いすにすわります。たっていると「こくばんがみえないよ～」とおもっている おともだちもいるからです。そして、すわっているほうが はやくけいさんできます。いすにすわって べんきょうするさとうくんをせんせいはおうえんします！

　まずは「うまくできた！」感覚が大切！　できそうなことでチャレンジして子どもだけでなく教師もうまくできた手応えを実感することが何よりも大切です。

おわりに

☆「"大人(おとな)"しい」という言葉

　"大人"しいという言葉があります。"大人"ではない"子ども"は、決して大人しくはありません。大人しくないから、子どもは手がかかるのです。子どもはとてもわがままで、たくさん迷惑をかけながら、大きくなりますから、のんびりやるしかないのです。まして、発達障害という困難さを抱えるならば……です。

　ですから、急ぐことも、せかすこともありません。今、できることを繰り返し繰り返し、ほめて叱って子どもを育てるのです。子どもはいつの間にか、大人しい"大人"になっていきます。

☆「よし！よし！」「大丈夫！大丈夫！」

　その目はただひたむきに「生きたい！　生きたい！」と言ってます！　その身体はけんめいに「大きくなりたい！　大きくなりたい！」と言ってますね！　かかんに生き抜こうとする子どものエネルギーは強烈です。

　私たちは、時に、そのはじけ飛ぶようなエネルギーのかたまりに圧倒されます。そうです……正直……ちょっと疲れるなー、イライラするなーと思うときもあるのです。心砕いても、尽くしても、伝わらない……、うまくいかない……そのもどかしさに心折れそうになることもあります。クラスが落ち着かず、投げ出したくなるときもあるのです。教員経験の長い筆者にももちろんあります。

　日々、よりよい保育・教育の実践に努めつつ、その過程で子どもたちをほめたり、叱ったりしながら、「よし！　よし！」「大丈夫！　大丈夫！」と肩を叩き、頭をなでます。そして、「ここにいていいんだ

よ！」というメッセージを子どもに伝え続けます。世界中で、昔から、そんなふうにして子どもを育ててきたのです。

☆「先生」という漢字

　先生 ── 「先」に「生」まれ「先」を「生」きる人、そして、人「生」の「先」輩の意味でしょうか。命ほとばしる子どもの笑顔に元気をもらえるいい仕事です。

　一方で、事務的な仕事も含めると、先生としてやらなければならないことはたくさんあります。しかし、子どもを前にしたときに、本当に大事なことはそれほどたくさんではありません。

　保育・教育の究極の目標は、子どもが"大切にされた"と実感できる毎日にすること、子ども自身が"やれた"と手応えを感じること、そして、自分も少しは役に立ったと思える瞬間を創り出すことに尽きると思います。

　子どもは「愛され、保護される」（児童福祉法）からこそ、生きる力をたくましくするのです。子どもがやれた・役に立てたと肌で感じ取るから、「主体的に社会の形成に参画し、その発展に寄与する態度」（教育基本法・学校教育法）が子どもの中に育まれるのです。

　そして、少し「先」を「生」きている先生の責任として、命の尊さや生きることのすばらしさ、夢や希望を伝えることができればそれでいいのではないかと思うのです。

　平成29（2017）年2月

　　　　　　　　　　　　　　　　　　　　　　　　　　佐藤愼二

【著者紹介】
佐藤 愼二（さとう・しんじ）

植草学園短期大学 福祉学科 児童障害福祉専攻 主任教授。
明治学院大学社会学部卒業、千葉大学教育学研究科修了。千葉県内の知的障害養護学校（現在の特別支援学校）及び小学校情緒障害通級指導教室での23年間の勤務を経て現職。全日本特別支援教育研究連盟理事、日本生活中心教育研究会理事、平成28年度千葉県専門家チーム会議委員、平成28年度千葉県総合支援協議会療育支援専門部会部会長ほか。特別支援教育士スーパーバイザー。

主な著作：『実践　通常学級ユニバーサルデザインⅡ―授業づくりのポイントと保護者との連携―』（東洋館出版社、2015年）、『実践　通常学級ユニバーサルデザインⅠ―学級づくりのポイントと問題行動への対応―』（東洋館出版社、2014年）、『今日からできる！通常学級ユニバーサルデザイン―授業づくりのポイントと実践的展開―』（編著、ジアース教育新、2015年）、『特別支援学校 特別支援学級 担任ガイドブック―知的障害教育100の実践ポイント―』（東洋館出版社、2013年）、『実践 生活単元学習―授業づくりのポイントとその展開―』（編著、ケーアンドエイチ、2017年）、『通常学級の特別支援―今日からできる！40の提案―』（日本文化科学社、2008年）、『通常学級の特別支援 セカンドステージ―6つの提言と実践のアイデア50―』（日本文化科学社、2010年）、『通常学級の授業ユニバーサルデザイン―「特別」ではない支援教育のために―』（共編著、日本文化科学社、2010年）、『特別支援教育の実践ガイド 第1巻 学級経営の実践ガイド―基礎から活用へ―』（共編著、明治図書出版、2010年）、『特別支援教育の実践ガイド 第3巻 校内支援体制のアイデア―しなやかな「チーム支援」の実際―』（共編著、明治図書出版、2010年）、『すぐ役に立つ特別支援学級ハンドブック』（編集、ケーアンドエイチ、2011年）、『自閉症支援のすべて』（責任編集、日本文化科学社、2011年）、『ママとパパと先生のための子育てハート・ホッとメッセージ50！』（日本文化科学社、2012年）ほか。

逆転の発想で 魔法のほめ方・叱り方
実践　通常学級ユニバーサルデザインⅢ

2017（平成29）年3月7日　初版第1刷発行

著　　者：佐藤　愼二
発 行 者：錦織圭之介
発 行 所：株式会社　東洋館出版社
　　　　〒113-0021　東京都文京区本駒込5丁目16番7号
　　　　営業部　電話 03-3823-9206　FAX 03-3823-9208
　　　　編集部　電話 03-3823-9207　FAX 03-3823-9209
　　　　振替 00180-7-96823
　　　　URL　http:/www.toyokan.co.jp

印刷・製本：藤原印刷株式会社
装幀・本文デザイン：吉野　綾（藤原印刷株式会社）

ISBN978-4-491-03332-7　　　　　　　　　　　　　　　Printed in Japan

佐藤愼二先生の大好評書籍!!

実践 通常学級ユニバーサルデザインⅡ

授業づくりのポイントと保護者との連携

佐藤愼二 著

通常学級ユニバーサルデザインは、"配慮を要する子どもには「ないと困る支援」であり、どの子どもにも「あると便利で・役に立つ支援」を増やし、全ての子どもの過ごしやすさと学びやすさを高めます"。当続編では、授業づくりと保護者との連携について徹底解説。日々の学級生活と学びを充実させるため、校内外での連携支援においても丁寧に論じている。すべての子どもたちにとって「過ごしやすく、学びやすい」が実現できる1冊。

本体価格1,650円

東洋館出版社
〒113-0021 東京都文京区本駒込5丁目16番7号
TEL: 03-3823-9206　FAX: 03-3823-9208
URL: http://www.toyokan.co.jp

twitter
@Toyokan_Shuppan

佐藤愼二先生の大好評書籍!!

実践 通常学級ユニバーサルデザインⅠ

学級づくりのポイントと問題行動への対応

佐藤愼二　著

学習面又は行動面で著しい困難を示すとされた児童生徒を取り出して支援するだけでなく、それらの児童生徒も含めた学級全体に対する指導をどのように行うのかを考えていく必要があります。本書では、学級経営や授業づくりそのものの包括性を高める方向性、すなわち、ユニバーサルデザインの実践上のポイントを具体的にまとめた。通常学級ユニバーサルデザインは、"配慮を要する子どもには「ないと困る支援」であり、どの子どもにも「あると便利で･役に立つ支援」を増やし、全ての子どもの過ごしやすさと学びやすさを高めます"。

本体価格1,650円

東洋館出版社
〒113-0021　東京都文京区本駒込5丁目16番7号
TEL: 03-3823-9206　FAX: 03-3823-9208
URL: http://www.toyokan.co.jp

twitter
@Toyokan_Shuppan

佐藤愼二先生の大好評書籍!!

特別支援学校 特別支援学級
担任ガイドブック

佐藤愼二 著

知的障害教育
100の
実践ポイント

先生の？に答えた
「今日からできる!使える!」
100の具体的実践を掲載

本体価格1,800円

本書のキーワードは、"力を使いたくなる状況"と"力をめいっぱい使うとうまくできる状況"づくりです。力は繰り返し使わなければ決して身につかないからです。知的障害による困難さが大きければそれだけ、自分から「やってみたい!」と目を輝かせて取り組む活動が必要です。そして、「楽しかった!やりがいがあった!もっとやりたい!」と子どもが手応えを感じることが大切なのです。本書ではそのための100のポイントを提示。初任の先生はもちろん、特別支援学校・特別支援学級に必備の1冊!

東洋館出版社　〒113-0021 東京都文京区本駒込5丁目16番7号
TEL: 03-3823-9206　FAX: 03-3823-9208
URL: http://www.toyokan.co.jp

@Toyokan_Shuppan